서 문

춘다가 그랬듯,

부처님께 올릴 마지막 공양을 생각한다

얼마 남지 않은 노을의 시간,

밥만 축내는 식충(食蟲)으로 산 세월이 눈꺼풀에 걸린다

이제 옷깃을 여미고 집으로 돌아가는 길,

출가에서 귀가로!

마른 혀가 거추장스럽다

대문니에 털이 무성하구나

무척 부끄럽다

참회하고 참회한다.

불기佛紀 2558년 동지절冬至節
지리산 일속암一粟庵에서,

선광 합장

목 차

제1부. 길

제2부. 바람

제3부. 깨달음

제4부. 노을

제5부. 한 모금 여백

제1부. 길

1. 나그네 길

발바닥으로 닦는가?

정수리에 한 방 맞으면

활짝, 열리는

열린 적 없는 문!

2. 벼랑

물렁물렁한 산의 뼈,

아득한 꼭대기에 서면 흐물흐물 녹아내리는가?

허공에 한 발 뛰자

사라지는 업장!

3. 화두 話頭

귀신 씨나락 까먹는 어둑한 굴

눈알이 잠기면 우주도 눈 감고

꿈속을 헤매네

밥만 축내는 허기진 하루!

4. 무문관 無門關

문 없는 문을 열려고

누가 걸어놓았는가?

펄럭이는 마음 한 자락,

벽 속에 틀어박혀 고물거리네

5. 입방아

반들반들한 절구공이

찧어봐야 한 말인데

좁쌀 한 알 찧느라고,

야단법석이로구나

6. 오솔길

큰 길 옆에 두고 굳이 샛길로 들어가니

잡초는 머리 바싹 깎고

들꽃은 이름조차 버리고

석창포 피어있는 오솔길,

7. 죽림정사 竹林精舍

대 숲에 이는 바람,

금강경 사구게 읊으며 지나가네

정수리에 솟구치는 죽순,

눈 시린 날

8. 전복 顚覆

길에서 엎어지면 길에서 일어선다

엎어진 길을 일으켜 세우는

수수밭 선방,

가을 바람에 선정 중이신가?

9. 묵언 默言

혀가 들락거리면 몸이 가볍고

몸이 가벼우면

육두문자가 날린다

벙어리 입속에 고이는 열반송!

10. 정진 精進

먹고 싸고 불 때고 자고 나면 길 가다가

쉬엄쉬엄 걷다보면 어느새,

꼴깍 해 넘어가네

언제 벗을까?

제2부. 바람

1. 밀짚모자

뙤약볕에 걷고 있네

바람 따라 구름 따라 이승 문턱 넘고 있네

노을 뒤에

긴 그림자 하나,

2. 물에 비친 시간

허공을 비추니 물은 그대로

물을 휘저으니 허공이 이개지네

다리 위에 지나가는

절름발이 구름,

3. 거울에 비친 그림자

눈동자에 비친 헛깨비 모습

서로 마주보는 네 개의 눈동자

그림자 넷,

춤을 추고 있네

4. 귀뚜라미

가을은 귀뚜라미 울음 속에 잠기고

귀뚜라미는 시든 풀대에 깃들었는데,

이슬은 풀대 끝에

아슬아슬하구나

5. 낫질

서툰 낫질에 풀이 운다

베어 넘겨지는 풀의 아우성,

정수리를 친다

너의 살림살이는 어떠냐?

6. 참회

마른 딸꾹질에 달이 이운다

질항아리를 닦는

서리 친 할미의 야윈 손,

언 손가락이 걸려 오도가도 못한다

7. 물 베기

부채를 활짝 펴고 바람을 가르니

물보라가 춤을 추는구나,

어리석은 놈!

쯧, 쯧! 물을 베려다가 마음만 베고 말았네

8. 앞으로 삼삼, 뒤로 삼삼

기름에 튀긴 도로뱅뱅이 한 접시

텅 빈 자리에 일장춘몽 한 접시

꿈 속이나 밖이나 허공 한 접시

꿈 속에 꿈일 뿐,

9. 어리석음

똑똑한 놈 옆에는 바보

바보 옆에는 더 바보

더 바보 옆에는 똑똑한 놈,

너는 누구냐?

10. 괜찮아, 괜찮아

밥 빌러 갔다가 쪽박만 깨지고

쪽박 붙이려다 세월만 갔구나

저 달 보니

괜찮아, 괜찮아!

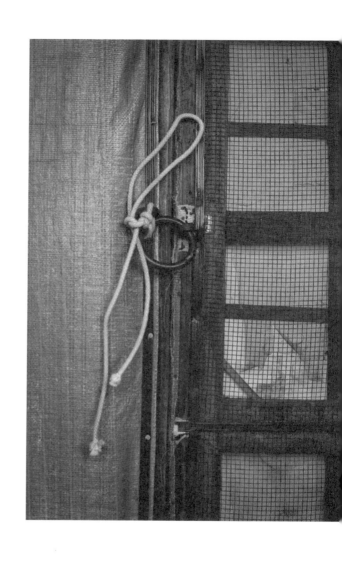

제3부. 깨달음

1. 없다

따로 찾는 게 있는가?

어디에나 있고

아무데도 없는데……

좌선(坐禪)은 해서 뭣하나?

2. 있다

아무리 둘러봐도 천치(天痴)뿐!

여기서도 주먹, 저기서도 주먹

앞에도 할, 뒤에도 할

우려먹고 또 우려먹는군!

3. 중도

한 손에 손등, 한 손에 손바닥

뒤집으면 이놈이 저놈인 걸!

두 끄트머리에

생사(生死)만 대롱대롱,

4. 미혹 迷惑

고양이 목에 방울 달러갔다가

쥐꼬리를 밟고 말았구나!

세상은 여전하고

배고파 죽은 귀신만 넘쳐나네

5. 선사의 헛기침

산새 지저귀면 시냇물도 토라지네

별 것도 아닌 걸

손가락 장난 한창일세

눈썹달이 빙긋 웃으며 흐르는 밤,

6. 색

사시에 때 아닌 소리 공양 질펀한데

승냥이 떼는 생사를 건너가는구나

먹물 옷 입고

한창 색을 올리는 공염불!

7. 공

저 놈을 불러 무엇에 쓸까?

버르장머리 없는 노을은 단청을 올리고

마음마저 울긋불긋,

단풍 들었네

8. 한 물건

이름 부르지 않고 일러주거든

준 적도 없고 받은 적도 없으니

도둑놈들 훔친 장물(臟物),

절 집에 널렸구나

9. 대장부

품 속에 든 해와 달

손발에 걸리는 차꼬

장대 끝에 나부끼는 모가지

아슬아슬하구나!

10. 똥

그대는 자신을 속인 적 없지

색이면 색, 공이면 공,

황금보전을 외호하시느라

오늘도 끙끙대네

제4부. 노을

1. 까악, 까악

까마귀 울며 지나가는 노을의 처마

늙은 수행자가 마른기침을 쏟아낸다

까악, 까악,

검은 화두가 질펀하구나!

2. 티벳 조장터에서

깃털처럼 가벼운 상여 한 척

이승과 저승이 지척이구나

공양 중이신

흰머리독수리 떼들!

3. 방 한 칸

머리는 천장에 붙이고

배때기는 허공에 걸어놓고

엉덩이는 방바닥에 괴고

그럼, 눈알은 어디다 붙이지?

4. 어머니

얼마나 견뎌야할까

한 우주를 다 거느리고도

눈물 주루룩 흐르는 서러운 날,

미치도록 그리운 말씀이어!

5. 빈 바랑

중에게 무슨 바랑이냐?

부끄러워 손 씻고 또 씻는다

빛나는 햇살에 눈멀어 마음마저 먹먹한 날,

또 하루 비워낸다, 지저분한 티끌들!

6. 부고 訃告

낙엽 한 장 지고 있구나

체로금풍(體露金風)의 소식인가?

집으로 돌아가는 길이 가볍다

나도 지금 막 떨어지고,

7. 철 지난 달력

그냥 흘러간 바람의 흔적인가?

남은 일이 없다 아무런 일도 일어나지 않고

그렇게 또 하루가 지나간다

오늘도 빈손을 휘젓는 허공!

8. 벼룩에게

네가 배가 고프구나

아귀를 보고 아귀가 눈을 차마 감는다

우리는 서로 도반(道伴)이 아닌가?

오늘 밤은 마음껏 포식하게나

9. 무영탑 無影塔

몸조차 없는데 마음은 어디에 두나

달 밝은 밤에 홀로 저리 서성이는지.......

그림자를 베고 누운 탑 아래,

노송(老松) 한 그루!

10. 퇴거 退去

집을 버린다 몸이 떠나는 날,

시절은 참 좋구나

덧붙일 것 없는 소식을 물고

강남에서 제비가 날아드네

제5부. 한 모금 여백

1. 부다가야

구름 걷힌 날

빛나는 길 위에 발자국 하나

오늘도 성자(聖者)를 뒤따라 끝 없구나

허공에 흩어지는 새떼들,

2. 바라나시

있는 그대로 볼 수 있어 좋구나

삶도 죽음도 하나!

강가에 아롱지는 저녁노을

너는 누구냐? 바로 지금 여기

3. 구멍난 양말

발가락이 쑥 드러났구나

발톱에 낀 새까만 때

아, 길도 저렇게 속을 태우는구나

남은 마음 절로 고요하네

4. 부끄러움

하루가 또 부질없이 흘러가네

먹고 마시고 자고 똥이나 싸다가

경전 읽고 참선하고 염불하다가

훌쩍 건너뛰는 저 허공!

5. 안질 眼疾

며칠 동안 마음으로만 보네

곧장 들어가는 문 한짝!

하늘의 모서리가 깨지고

정수리에 방광(放光)하는 이 햇살!

6. 가벼운 농담 弄談

맛있는 바람 찾아 길 떠난 성자(聖者)

비린 맛, 쓰린 맛, 달콤한 맛

모두 이개어 던져버리고

오직 바람이 되셨네

7. 왜, 사니?

나무 패다가 도끼자루가 부러졌네

도끼날에 찍힌 나무가 말하네

이웃을 찍은 내가 참 부끄럽구나

찰나마다 구업(口業)이 따로없네

8. 선광아

내가 나를 부르니

찰나마다 나는 없구나

아무리 불러봐도 나는 사라지고

바람결이 흩어지는 헛기침소리뿐, 선광아!

9. 일속암 一粟庵

한 톨 좁쌀 안에 가부좌 틀고

광대무변한 색계(色界)를 떠도니

때절은 마음마다 썩은 내가 진동하네

언제나 벗어날 수 있을까?

10. 육두문자 肉頭文字

세상 꼬락서니 보아하니

화탕지옥(火湯地獄)이 여기로구나

정신 바짝 차려야지!

부처님, 부처님, 부처님, 목이 매이네

발 문

가는 곳마다 온갖 것이 걸린다

입을 열면 감춰둔 혀가 오그라든다

내게 남은 일은 무엇인가?

챙기고 또 챙기지만

하늘은 도무지 여며지지 않는다

다만 부끄러울 뿐,

선광(禪光)

詩集 **손가락에 걸린 달**

2015년 5월 11일 초판 발행

저 자 : **선광(禪光) 스님**

경남 산청 生

이메일 : chojong84@naver.com / mobile : 010-9343-0860

現 지리산 토굴에서 수행중

펴낸이 : 박영훈

사 진 : 전규삼

편집 및 디자인 : 김남진

펴낸곳 : **단청 애드타임**

서울시 중구 을지로20길 10-13, 206(인현동1가, 동서빌딩)

대표전화 02)2285_1968 / 팩스 0505_115_3394

출판등록 제2015-000076호

ISBN   979-11-955290-0-1

「이 도서의 국립중앙도서관 출판시 도서목록은(CIP)은

서지정보유통지원시스템 홈페이지(http://seoji.nl.go.kr)와

국가자료공동목록시스템(http://www.nl.go.kr/kolisnet)에서 이용하실 수 있습니다.

(CIP제어번호 : CIP2015012236)」